Dedicated to Niki, Dimitris, Lelis - C

Dedicated to my wonderfully patient husb
Dora and her family, our parents - I

Translated into Polish by Magdalena Juraszek.

For permission requests and supplementary teaching material, please write to the publisher at liza@maltamum.com www.maltamum.com

ISBN 9798705865222

Today I felt like painting the sea. We took our brushes, watercolors, art pads, and a glass of water and sat on the veranda to paint. A little blue, a little yellow, a little brown and look, that's how it all started.

Miałam dzisiaj ochotę namalować morze. Pozbieraliśmy pędzle, akwarele, szkicowniki i szklankę wody i poszliśmy malować na werandzie. Trochę błękitnego, odrobina żółtego, trochę brązu i tak to się zaczęło.

I was reminded of the summer vacations we took, to the place where my mother grew up, and I added some rocks to the landscape. Purple for sparse clouds and this green for the hill seem to be a great match.

Przypomniałam sobie o wakacjach w miejscu, gdzie dorastała moja mama, zatem dodałam do krajobrazu skały. Fioletowy wydaje się idealnie pasować do rozsianych po niebie obłoków, tak jak ten zielony do wzgórza.

We'd go to the sea every morning and play there for hours. All the colors of summer were imprinted on our swimsuits. Intense yellow, intense blue, and intense orange.

Każdego ranka chodziliśmy na plażę i bawiliśmy się tam godzinami. Nasze stroje kąpielowe miały wszystkie kolory lata. Mocny żółty, żywy niebieski i intensywny pomarańczowy.

I also remembered the small church. It was on the hill. Our grandmother would sometimes take us there before we returned home for lunch. I'll mix a little brown, a little yellow, and a little green.

Przypomniałam sobie też mały kościół. Był na wzgórzu. Czasami nasza babcia zabierała nas tam, przed powrotem do domu na obiad. Wymieszam po odrobinie brązowego, żółtego i zielonego.

On the way back we often picked wildflowers to arrange them in a vase. I think orange, purple and green are very suitable here.

W drodze powrotnej często zbieraliśmy dzikie kwiaty do wazonu. Moim zdaniem pomarańczowy, fioletowy i zielony wyglądają tu świetnie.

When we got home, and after we had eaten our food, she offered us the most delicious fruit. Green for the fig, orange for the apricot, and red for the peach.

Po powrocie do domu, kiedy zjedliśmy obiad, babcia dawała nam przepyszne owoce. Zatem zielony żeby namalować figę , pomarańczowy do moreli a czerwony do brzoskwini.

Grandma also had a cat. We played so many different games inside and outside, running after her in the narrow dead-end street. It was, indeed, Happiness Street! Her colors were white, brown, and bright green.

Babcia miała też kotkę. Bawiliśmy się w przeróżne zabawy w środku i na zewnątrz, biegaliśmy za nią w wąskim, ślepym zaułku. To naprawdę była Uliczka Szczęścia! Kotka cała biało-brązowa z odrobiną jasnej zieleni.

In the afternoons we used to take a stroll down the beach again. I'll mix brown, green, and white for the trail.

Popołudniami znowu spacerowaliśmy po plaży. Żeby namalować drogę wymieszam brązowy, zielony i biały.

How beautiful those sunsets were!
We take a whole trip back in time
with a little purple, yellow, and brown.

Jakie piękne były tamte zachody słońca!
Odrobina fioletowego, żółtego i
brązowego i cofamy się w czasie.

We'd bring our food with us, lay the mat down on the sand and eat under the starry sky. Dark yellow, dark blue, and a dash of red, and we're there again.

Układaliśmy na piasku maty i pod rozgwieżdżonym niebem zjadaliśmy to, co przynieśliśmy ze sobą. Ciemny żółty, granatowy, domieszka czerwonego i znowu tam jesteśmy.

I remember the landscape
changed dramatically when
autumn came. We knew then
that it was time to leave.
Mom was coming.
The colors are getting really dark
now, intense blue, deep green.

Pamiętam, że krajobraz zmieniał się
gwałtownie z nadejściem jesieni.
Wiedzieliśmy, że pora wyjeżdżać.
Przyjeżdżała mama. Teraz kolory
robią się naprawdę ciemne, i
ntensywny niebieski, głęboka
zieleń.

But look at the composition,
how it changes again,
and how the hazy colors are
making room for other
happier ones. Mom also brought
along with her white, pink,
and gold, and a promise that
yes, we would leave, but
we would come back again.

Ale spójrz na obrazek, jak
ponownie się zmienia i jak
rozmyte już kolory robią miejsce
dla innych, bardziej radosnych.
Razem z mamą pojawiały się
kolory biały, różowy i złoty oraz
obietnica, że chociaż teraz
naprawdę wyjeżdżamy, to
przecież tu wrócimy.

Dear Child,

Every summer has a story. This is a story inspired by my own childhood, and my sister's watercolors. Ask an adult to help you write down the words and draw the images of your own summer story, and send me an email at liza@maltamum.com. I promise, I'll write back to you.

Dear Grown-up,

If you feel this book adds value to children's lives, please leave an honest review on Amazon or Goodreads. A shout-out on social media and a tag #HappinessStreet would also be nothing short of amazing. Your review will help others discover the book and encourage me to keep on writing. Visit eepurl.com/dvnij9 for free activities, printables and more.

Forever grateful, thank you!

All my best,
Elisavet Arkolaki

Printed in Great Britain
by Amazon